Yf 12867

RÉFLEXIONS

SUR LA

QUESTION THÉATRALE

PAR

G. PICCINNI.

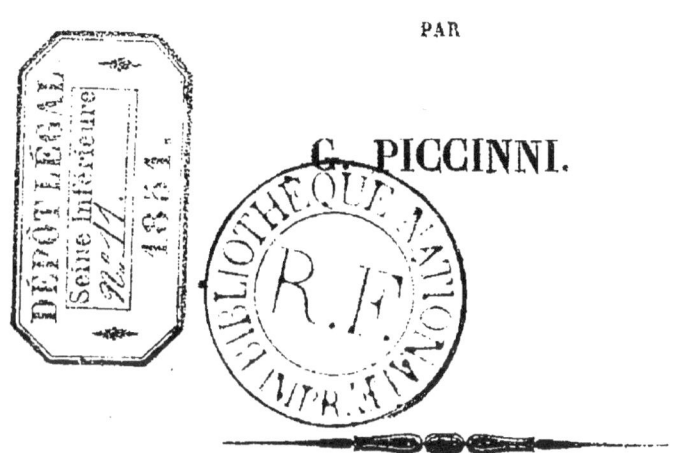

ROUEN.

TYPOGRAPHIE DE O. MOGET-FÉRÉ,
Ancien hôtel de la Banque, 25, rue des Iroquois.

1851

En renfermant quelques réflexions dans les bornes d'un article de journal, nous n'avons pas la prétention d'étudier, d'une manière complète, les causes si multiples et si diverses de la décadence de l'art dramatique. Une semblable étude exigerait, d'ailleurs, des connaissances, une aptitude, une expérience, que nous ne possédons pas, et nos efforts n'atteindraient peut-être pas le résultat que nous nous proposerions. Mais ce que nous avons cru de notre domaine et dans la mesure de nos forces, c'est de mettre en relief les principales causes qui nous paraissent déterminer la ruine des entreprises théâtrales, causes dont, avec le temps et des efforts persévérans, il serait possible de triompher.

Lorsqu'on a dit : « Le public n'a plus de goût pour « le théâtre, le public a remplacé par d'autres habi- « tudes les plaisirs du théâtre, » on croit avoir avancé une vérité incontestable. Cependant, s'il en était absolument ainsi, verrait-on encore la population affluer en aussi grand nombre, lorsqu'un spectacle digne d'elle lui est offert? La verrait-on se laisser duper, comme cela a lieu quelquefois, par l'attrait d'une représentation qui n'a de réalité que l'annonce? Non, certes. C'est qu'à Rouen, ville de travail et d'activité, et où, pour cette raison, les occasions de plaisir sont fort restreintes, on est heureux de profiter de celles qui vous sont offertes et ont un véritable attrait. Qu'elles viennent à se multiplier, et il est sûr que, comme autrefois, l'habitant de notre ville n'hésitera pas à aller chercher au théâtre d'agréables loisirs. Ce n'est donc pas, pour Rouen, ni pour les autres villes de province, ni pour la capitale elle-même, le public qui manque au théâtre, mais bien le théâtre qui manque au public. Accuser le public d'éloignement pour le théâtre parce qu'il ne répond pas à quelques efforts tentés de loin en loin pour l'attirer, c'est se tromper dans l'appréciation d'un fait dont les causes sont ailleurs. Elles sont, à nos yeux, dans la nature et l'ensemble du répertoire, dans le mérite des artistes, dans le tact, l'activité, l'intelligence des directeurs, et dans tous les élémens qui constituent le théâtre.

Reportons-nous à l'époque où le théâtre était encore florissant, à une vingtaine d'années, et nous verrons que c'est à ce temps qu'on peut faire remonter les causes qui en ont amené la ruine. La littérature se dégage alors des liens salutaires qui l'avaient contenue, se divise en deux genres, le classique et le romantique. L'un n'a plus que de rares adeptes, l'autre est suivi par une foule de novateurs pour qui tout frein, toute règle, est une entrave insupportable qu'il fallait laisser aux anciens auteurs, coupables d'avoir eu du génie avec elle. On quitte les sentimens simples pour les sentimens exagérés, les théories éternelles du beau sont méconnues, on en arrive même à proclamer que le beau, c'est le laid; on transforme en types merveilleux les monstrueuses exceptions de la nature morale. Jadis, dans le monde, comme sur le théâtre, un vice suffisait pour ternir une foule de vertus; maintenant, une seule vertu suffit pour excuser une foule de vices. Loin de s'attacher à décrire les combats et les peines du cœur, on ne fait plus que chercher à émouvoir par le spectacle des convulsions physiques; c'est dans les bas-fonds de la société que l'on va chercher les héros de théâtre. La fable des pièces est fournie par l'adultère, le viol, l'inceste, le vol, l'assassinat, si bien que le théâtre n'est plus que la succursale d'une cour d'assises.

Ce fut là le bon temps pour les auteurs dramatiques; le travail leur devint facile, les sujets abondaient, on prenait à peine le temps de réunir les matériaux, de les coordonner tant bien que mal et d'en composer un ensemble tel quel pour satisfaire l'avidité d'un public que l'exaltation et la fièvre entraînaient loin du bon sens et du bon goût.

Paris, qui s'accommode à peu près de tout lorsque son goût pour le changement et la nouveauté est satisfait, accepta assez longtemps un pareil régime. La province se montra d'abord assez récalcitrante; mais ce que le théâtre n'avait pu faire agréer dans le principe, les romans, les revues, les feuilletons, l'infiltrèrent peu à peu dans la population, et les masses, si faciles à gagner, se laissèrent prendre; l'habitude fit le reste. C'est ainsi qu'à la dignité du théâtre avait succédé la licence.

Nous avons jeté un coup d'œil rapide sur cette littérature pour laquelle rien n'a été sacré, car, non contente d'exposer à nu toutes les plaies les plus hideuses de la société, sans placer à côté le remède ou le palliatif, nous l'avons vue battre en brèche et détruire toutes les convictions, tous les sentimens propres à soutenir l'homme dans la vie, conduire à des aberrations dont aujourd'hui on connaît l'étendue, et préparer ainsi les événemens les plus graves.

A côté de cette première sorte de littérature, il en était une autre non moins pernicieuse, parce qu'elle est tout aussi dissolvante. Le poison y était caché sous des formes plus séduisantes. Pour elle, l'or était le mobile de tout. En un mot, c'était cette littérature chez laquelle les glorieuses conquêtes de l'art, les grandes pensées du cœur, tous les sentimens humains, n'étaient que des moyens d'arriver à la fortune, et la fortune tenait lieu de tout, donnait tout, vertu, honneur, considération, pouvoir, jouissances.

Si la première est usée, honnie, si nous voyons les tristes effets qu'elle a produits s'affaiblir, si, les yeux désillés, on comprend actuellement tout ce qu'un pareil dévergondage aurait dû inspirer de dégoût, il n'en est pas encore ainsi de la seconde, qui poursuit sa marche grâce aux séductions dont elle a su parer le mal.

L'aberration que nous avons signalée dans l'art dramatique se reproduit tout naturellement dans l'art musical. Le cachet distinctif des différens genres de musique s'est effacé. Ils n'ont plus de domaine particulier. Le sacré, le profane, le sérieux et le bouffon, se confondent, au point que le théâtre envahit l'Église, et l'Église descend sur le théâtre; que Feydeau a fait invasion dans la salle Lepelletier, et que la salle Lepelletier entre à Feydeau. Aussi, la composition musicale a-t-elle été dénaturée; on a exagéré la portée des effets auxquels elle peut atteindre. Au lieu de chercher à émouvoir le cœur de l'auditeur, il semblerait qu'on se soit efforcé d'étonner son oreille et de faire travailler son intelligence. Que de compositeurs ont remplacé les mélodies que le génie seul inspire, par des thèmes dont la pauvreté ou l'origine est dissimulée à l'aide de modulations interminables, de ces procédés que la science enseigne, mais que l'art n'admet que si l'invention en a rendu l'emploi légitime. Un tel mode de composition musicale ne réduit-il pas l'art aux proportions d'un calcul algébrique?

Certes, parmi nos compositeurs modernes, il est d'admirables exceptions, mais le plus grand nombre a trop souvent oublié que la musique, avant d'être une science qui peut s'adresser à l'intelligence, est un art qui doit émouvoir le cœur, récréer l'esprit et charmer l'oreille.

Mais il n'est donné qu'aux grands compositeurs de comprendre et de mettre en pratique cette vérité. C'est ce qu'ils ont fait dans leurs œuvres, où les combinaisons les plus savantes sont dissimulées sous une apparente simplicité, qui permet au plus grand nombre d'en saisir les beautés, de les sentir et d'en être ému. De nos jours où l'on a déserté cette simplicité, une vaine affectation de science fatigue le plus souvent l'esprit de l'auditeur en laissant son cœur vide d'émotions, ou bien on assourdit son oreille par le bruit, l'éclat, le mouvement d'une orchestration destinée à dissimuler la stérilité des idées.

Autrefois, les compositeurs s'attachaient à adapter a musique aux paroles ; ils s'inspiraient des passions qu'elles exprimaient, ils cherchaient enfin à faire de la musique imitative, non de cette musique que nous avons entendue, s'efforçant à reproduire les effets les plus bizarres, mais de cette musique qui consiste à faire passer dans l'âme des auditeurs les passions ou les sentimens que le chant ou l'instrumentation peut exprimer.

Nous insistons d'autant plus sur ces tendances anormales de la composition musicale, qu'elles ont eu également pour les interprètes de l'art les conséquences les plus funestes. Autant que l'école de Duprez, elles ont imposé au chant une méthode périlleuse. Une fois que les compositeurs ont eu substitué la *richesse de l'orchestration*, suivant le langage usité, aux mélodies ou bien aux chants par lesquels les divers sentimens pouvaient être exprimés, les chanteurs se sont vus dans l'obligation de chercher, non dans l'organe de la voix, la puissance suffisante pour lutter contre le bruit assourdissant de l'accompagnement, mais dans les efforts surhumains de leurs poumons. Il n'était pas jusqu'au public qui, abusé lui-même, n'encourageât de ses applaudissemens le pauvre chanteur quand, par ses cris, il avait pu dominer l'orchestre.

Un autre grief que nous devons imputer à certains compositeurs, c'est de ne pas avoir respecté dans leurs partitions le registre et la qualité des voix. Trop oublieux de la masse des chanteurs, ils ont écrit pour les voix exceptionnelles qui se rencontrent parfois dans la capitale. Il en est résulté que, faute de sujets pour reproduire dignement leurs œuvres, l'opéra est parqué en province dans un petit nombre de pièces auxquelles le public est fatalement condamné, ou bien l'artiste qui veut les interpréter est entraîné dans des études qui souvent portent les plus graves atteintes aux qualités de sa voix.

Du temps des Grétry, des Dalayrac, des Nicolo-Isouard, des Boïeldieu, le compositeur écrivait pour les chanteurs en général et non pour un chanteur en particulier; et si un artiste, en dehors du genre de voix qu'il possédait, était doué de qualités exceptionnelles, les points d'orgue lui permettaient de les faire valoir.

On comprend que nous ne pouvons entrer dans tous les développemens qu'entraîne une question aussi étendue. Nous nous sommes efforcé de présenter nos considérations sous la forme la plus concise et la plus intelligible pour tous.

Que si des œuvres elles-mêmes nous passons à leurs interprètes, nous trouverons aussi matière à des observations sérieuses, surtout en nous reportant au passé. Les artistes dramatiques, en général, sont loin de se faire de l'art qu'ils exercent une aussi haute idée que leurs devanciers. La carrière dramatique n'est plus, pour beaucoup d'artistes de nos jours, un art exigeant, une aptitude particulière, développée encore par des travaux sérieux et persévérans, par l'étude approfondie du cœur humain. Ce n'est qu'une profession, un métier que l'on croit plus facile que tout autre, et dont on se promet de tirer parti pour gagner beaucoup en travaillant peu. Ce n'est plus l'attrait des succès enivrans du théâtre; ce n'est plus une vocation impérieuse qui pousse dans la carrière théâtrale; c'est la vie facile, indépendante, anormale que l'on prête aux artistes dramatiques. On ne naît plus comédien; la vocation s'improvise un beau jour, lorsque l'âge d'apprendre étant passé, on tente d'inutiles efforts pour s'initier à l'art de la déclamation et aux secrets de la mimique. Aussi ces prétendus artistes n'apportent-ils sur le théâtre qu'un maintien guindé, qu'un jeu inintelligent, qu'un débit trivial ou exagéré, en un mot un talent de mauvais aloi.

Les chanteurs, de leur côté, dans un temps déjà loin de nous, s'étaient fait une loi, avant d'aborder le théâtre, de se livrer à de longues et savantes études, soit au Conservatoire, soit dans les Maîtrises, soit sous la direction de professeurs en renom. Ils étudiaient à fond les méthodes et les partitions des grands maîtres, et c'était lorsqu'ils en avaient compris la conduite et saisi le génie qu'ils venaient en tremblant affronter le jugement du public. A présent, fier de quelques dispositions pour le chant, de quelques notes éclatantes ou brillantes dans le registre de la voix, on se livre à ces professeurs qui, forcés eux-mêmes de céder aux entraînemens du jour, font métier de préparer des chanteurs pour le théâtre, comme certains maîtres dressent le premier venu pour l'examen du baccalauréat, et c'est après l'étude imparfaite et hâtive de trois ou quatre rôles que l'on se présente avec confiance, comme capable d'interpréter dignement les œuvres des plus grands compositeurs. Quant à ce qui serait indispensable encore, la lecture et la connaissance de la musique proprement dite, les répétiteurs y suppléent, et l'on compte sur l'habitude de la scène pour se former à la déclamation et à la mimique. Que quelques applaudissemens, plus ou moins mérités, viennent à accueillir, dès les premiers pas dans la carrière, ces élèves formés en serre-chaude, il n'y a plus de conversion possible. L'amour-propre leur monte à la tête et les rend sourds pour jamais à la voix du bon goût et de la raison. Ils repoussent avec dédain les conseils dont la mise en pratique leur serait pourtant si salutaire.

D'ailleurs, ces conseils leur seront-ils donnés par la presse, qui en a la mission spéciale ? Hélas ! non. Il faut bien le reconnaître, la presse oublie elle-même, par des influences étrangères, le rôle qui lui est dévolu. Elle cède à des considérations où l'art a fort peu de part ; elle se laisse circonvenir, et ce n'est plus la vérité qui dicte ses jugemens. Autrefois, la critique théâtrale s'était élevée à une hauteur de vue et d'idées qu'elle a désertées depuis longtemps. Elle y était parvenue en faisant constamment son devoir, en défendant toujours le bon goût. Aussi sa voix était-elle écoutée du public. Mais actuellement qui persuade-t-elle, qui convertit-elle ? Les classes éclairées, qui ont pu juger par elles-mêmes de la valeur de ses assertions sur les pièces et sur les acteurs, n'en tiennent aucun compte et méprisent des éloges non mérités. La portion du public qui lui accorde encore sa confiance, et a besoin de jugemens tout faits, approuve et rejette, applaudit et siffle à tort ou à travers, selon que le vent a soufflé dans l'article du matin. Son résultat le moins incontestable, c'est qu'elle encourage, par des éloges menteurs, l'écrivain qui se fourvoie et l'interprète qui s'égare. Si bien qu'au lieu d'être un auxiliaire utile du progrès, une gardienne vigilante de l'art dramatique, la presse est devenue trop souvent la protectrice de médiocrités qu'elle aurait dû contribuer à faire repousser loin du théâtre.

Jusqu'ici nous n'avons eu en vue que l'état du théâtre en général. Mais le théâtre de chaque ville a, pour ainsi dire, son mal particulier, qu'il faut étudier attentivement si l'on veut en découvrir le remède.

Longtemps notre théâtre a été consiréré comme l'un des meilleurs de France. Le public rouennais avait une réputation méritée de bon goût et de juste sévérité, et ce n'était qu'avec effroi que des artistes déjà distingués dans la carrière venaient briguer ses suffrages. Plus d'une fois il a délivré le passe-port à des talens perfectionnés auprès de lui, et qui ont fait les délices de la capitale. Car à cette époque, notre premier théâtre était comme la sauvegarde de l'art dramatique, du goût public et des intérêts des artistes eux-mêmes.

Au répertoire de ce théâtre existaient invariablement les chefs-d'œuvre dramatiques de notre littérature. Il était passé en habitude d'y jouer les pièces de Corneille, Racine, Molière, Voltaire, Regnard, Lesage, Destouches, Beaumarchais, Kotzbue, Ducis, Duval, Etienne, Soumet, Picard, Andrieux, Casimir Delavigne, etc., etc., pièces toujours accueillies avec faveur par le public, parce qu'il y trouvait à la fois instruction et plaisir. Pour les compositions musicales, on avait les œuvres de nos célébrités lyriques : de Méhul, Grétry, Monsigny, D'allayrac, Della Maria, Berton, Catel, Devienne, Lesueur, Nicolo-Isouard, Spontini, Cherubini, Boïeldieu, Rossini, Auber, Carafa, Hérold, Weber, etc., etc. Quand on donnait satisfaction au goût du jour, la plus grande circonspection présidait au choix des nouveautés, que l'on prenait exclusivement parmi les pièces en faveur à la Comédie-Française, à l'Académie de Musique, à Feydeau, et dans les derniers temps au Vaudeville et au Gymnase. Si, à cette époque, un directeur s'était oublié au point de mettre sur la scène une pièce d'un ordre inférieur et indigne du public habituel du Théâtre-des-Arts, il eût été sévèrement rappelé à son devoir. C'est qu'alors la délimitation des genres attribués à chaque théâtre était rigoureusement bservée, et qu'au Petit-Théâtre revenaient exclusivement le drame, le mélodrame, le vaudeville léger, c'est-à-dire le répertoire ordinaire des théâtres des boulevards.

Deux troupes étaient en possession de satisfaire aux plaisirs du public. La première était composée de sujets d'élite, formés par de sérieuses et longues études. Chaque acteur tenait l'emploi auquel ses dispositions naturelles et ses travaux l'avaient rendu propre, et il se serait bien gardé d'en sortir. Un travail consciencieux l'avait initié aux chefs-d'œuvre de son répertoire, et le comédien, le chanteur, l'acteur de vaudeville, chacun possédait à fond tous les rôles qui lui appartenaient. Cette grande variété de leur répertoire n'excluait pas les soins donnés, en outre, aux nouveautés en vogue.

Avec de telles études, une telle diversité de pièces, cette limite bien nettement posée entre les genres attribués à chaque scène, et les emplois que tenaient les artistes, on conçoit quel attrait s'attachait au théâtre pour les spectateurs, et quels étaient le talent et les progrès d'acteurs confinés dans un emploi spécial, et surveillés sans cesse par un public sévère.

La seconde troupe, destinée à desservir le Petit-Théâtre, n'était pas soumise à des débuts, mais aussi, elle n'était chargée que de l'interprétation des œuvres éphémères, et elle suppléait les qualités dont on la dispensait par une activité sans bornes Les pièces qu'on jouait à ce théâtre avaient un caractère bien connu du public, et quand on s'y rendait, on savait l'avance quel genre de plaisir vous y attendait.

Voilà quels étaient, dans le passé, les traits caractéristiques de nos deux théâtres. A présent, ils sont effacés au point d'être méconnaissables.

Il ne pourrait en être autrement, quand une seule troupe est chargée de remplir les rôles les plus disparates et les plus divers. Il lui faut se multiplier à l'infini, viser au plus pressé, faire vite plutôt que faire bien, et voilà comment les talens les plus réels perdent toute leur distinction et toute leur puissance. Le bon artiste qui réussit dans plusieurs genres n'excelle que dans un seul, objet de sa prédilection et de ses études.

Notre premier théâtre n'est plus composé exclusivement de l'élite des artistes. Nous sommes loin du temps où les acteurs du Théâtre-des-Arts auraient cru déroger en portant ailleurs le fruit de leurs études. Aujourd'hui, chacun parcourt tous les degrés de l'échelle dramatique, et, dans ce triste voyage, les artistes les plus heureusement organisés faussent insensiblement leur talent naturel. Privés, en outre, de la connaissance de tous les rôles de leur emploi, contrairement à leurs devanciers, il leur est impossible d'échapper à des inconvéniens sans nombre. Ils ne peuvent d'abord se retremper à la source des pièces modèles et fournir des élémens à la variété du répertoire, si bien qu'une des pièces capitales de nos anciens auteurs demande, pour être remise à la scène, non moins de temps et d'études qu'une pièce nouvelle.

Ce résumé rapide nous paraît tracer suffisamment l'état fâcheux où se trouve notre théâtre; mais il nous reste à présent à découvrir la source du mal.

Le jour où les directeurs des grands théâtres de province se virent dans l'obligation de mettre sur la scène le grand-opéra en cinq actes et ces drames à grand spectacle et à tableaux multipliés, les administrations théâtrales s'engagèrent, à notre avis, dans une voie périlleuse. D'un côté, on s'imposait un genre dont l'interprétation était des plus difficiles, et la mise en scène des plus onéreuses; de l'autre, on acclimatait un genre dont le résultat et l'influence devaient être des plus fâcheux et des plus funestes pour l'art, les artistes et le goût public.

Un coup d'œil jeté sur l'état de notre théâtre aujourd'hui suffira pour nous convaincre de cette triste vérité. L'observateur le moins attentif en constatera aisément la décadence. Le public n'y apporte plus le même zèle, le même goût, la même ardeur qu'autrefois. La facilité avec laquelle il accueille pièces et acteurs est trop souvent voisine de l'indifférence. Aussi les artistes, sûrs de ne plus retrouver ce parterre appréciateur sévère, mais juste, de leur talent, se produisent actuellement sans préparation sérieuse. Il n'est pas de médiocrités inexpérimentées qui ne se flattent d'obtenir un arrêt favorable d'un juge aussi distrait et aussi insouciant. D'ailleurs, le répertoire, à son tour, n'a pas de quoi les effrayer, tant est restreint le nombre des pièces mises à la scène. Avec quelques études du moment, on a bientôt fait de parcourir le cercle étroit des rôles à apprendre; puis on vient s'offrir, sans nul souci de l'art, au jugement du public. Il est cependant d'honorables exceptions que chacun peut signaler comme nous; mais elles n'en font que mieux ressortir l'insuffisance des talens incomplets. Que si l'administration théâtrale, par le choix éclairé et judicieux de pièces vraiment remarquables, tenait à distance ces interprètes novices et inhabiles, nous n'en aurions pas vu un si grand nombre compromettre leur avenir et le succès de ces pièces avec la plus déplorable légèreté. Mais tel est, en général, le caractère des pièces du répertoire actuel, que chacun, sans grands efforts, parvient à y faire moins triste figure qu'on n'était en droit de le craindre d'après ses études antérieures. Cette habitude du médiocre a encore un autre résultat fâcheux : c'est d'enchaîner invinciblement le répertoire aux pièces secondaires, et de préparer la chute des pièces d'un ordre supérieur que la voix publique impose parfois à l'administration. Une autre cause d'insuccès se trouve dans la confusion des genres attribués autrefois à chaque théâtre, telle pièce, enlevée à sa scène naturelle, languit et dépérit parce qu'on en altère l'originalité.

En introduisant sur la scène des théâtres de province le grand-opéra en cinq actes, les premiers directeurs, malgré la nouveauté de l'entreprise, ne purent en tirer tout le parti qu'ils en avaient espéré. La curiosité du public fut vivement sollicitée, il vint en foule aux spectacles nouveaux qui lui étaient offerts; mais, en dépit de cette affluence et de l'abondance des recettes, le déficit alla chaque jour en s'augmentant, tant étaient grands les frais qu'entraînait cette innovation. Plus d'un directeur y usa ses talens, sa fortune, ses peines et sa vie. C'est que, pour monter de telles œuvres, tout en suivant de loin la splendide mise en scène de l'Académie de Musique, les directeurs n'en étaient pas moins jetés dans des dépenses énormes, qui se reproduisaient en partie à chaque représentation. De plus, comme ce genre exigeait des artistes particuliers, et que ceux-ci grevaient le budget ordinaire de l'administration par les appointemens exagérés qu'ils en exigeaient, les bénéfices de l'exploitation se réduisaient toujours à néant.

Pour le public, le résultat fut fâcheux encore à un autre point de vue. Comparé au grand-opéra, l'opéra-comique lui parut bientôt sans charme et sans attrait, et peu à peu il délaissa un genre auquel les directeurs, pour ce motif, n'attachèrent plus autant d'importance. Quand les artistes virent qu'on se bornait à peu près à exiger d'eux quelques qualités dans la voix, et, pour tout répertoire cinq ou six rôles, ils trouvèrent plus avantageux d'abandonner l'opéra-comique, qui nécessitait des études longues et difficiles pour se livrer au grand-opéra qui, en leur assurant de plus forts appointemens, leur demandait beaucoup moins de temps et de travail. L'abandon de l'opéra-comique ne fut pas complet pour cela, mais on le relégua dans les hors-d'œuvre, et les artistes n'en firent l'objet de leurs études que si la faiblesse de leur voix les rendait impropres à l'interprétation du grand-opéra. Telles furent les causes de ruine de l'opéra-comique, qui avait si longtemps défrayé avec succès et profit les scènes et les administrations de province.

Le drame à grand spectacle et la comédie nous offriront matière à des rapprochemens à peu près semblables. La mise en scène du premier, ordinairement dispendieuse, et la présence obligée d'artistes spéciaux, épuisaient les ressources des directeurs. Les résultats artistiques ne furent pas plus brillans que les résultats financiers. On vit alors le drame cultivé par des acteurs dont le mérite se réduisait trop souvent à une puissante organisation physique. Aux nuances délicates du débit, aux savantes inflexions de la voix, au jeu expressif du maintien et du visage, commandés par la nature de la comédie, ils firent succéder l'emphase de la déclamation, la violence des cris et les contorsions du corps, que nécessitait d'ailleurs la nature de ces drames et qui en faisaient le succès. Cette voie, beaucoup plus facile que celle de la comédie, fut suivie avec empressement, et les chefs-d'œuvre de nos poètes comiques furent délaissés par nos acteurs.

Voilà comment, en province, l'opéra-comique a succombé sous le grand-opéra en cinq actes, et la comédie sous le drame moderne.

A une seule condition peut-être, le grand-opéra en cinq actes aurait pu assurer le succès des entreprises théâtrales. C'eût été par la variété des œuvres de ce genre mises sur la scène. Or, cette condition était impossible à remplir. D'abord parce que le nombre de compositions nouvelles en ce genre est fort restreint, et qu'ensuite l'acquisition des décors et la mise en scène eussent été trop dispendieux pour les théâtres de province. Comment voudrait-on, d'ailleurs, qu'un directeur de province pût mettre de la variété dans le répertoire des grands-opéras, et les monter d'une manière digne du public, avec les ressources dont il peut disposer, quand nous voyons Paris lui-même contraint à ne monter tous les ans qu'un grand-opéra nouveau, malgré les fortes subventions qu'il reçoit de l'État? Ce n'est pas possible, et le grand-opéra en cinq actes était forcément condamné par la nature des choses à s'étioler et à périr dans les théâtres des départemens.

Pour nous, convaincu comme nous le sommes de l'impossibilité matérielle et artistique de représenter dignement les grands-opéras en cinq actes sur nos théâtres, nous croyons qu'il est grand temps que la province se résigne à cette impérieuse nécessité, et que, quant à présent, ce genre, ainsi que celui de la tragédie, doivent appartenir exclusivement aux deux théâtres de France qui, seuls, sont capables de satisfaire aux exigences de toute espèce qu'entraînent l'interprétation et la représentation de telles œuvres.

Quant à ces drames à grand spectacle, ces drames interminables, à tableaux multipliés, qui parlent plus aux yeux qu'à l'esprit, ils avaient une cause de ruine dans leurs exagérations même. Ces sentimens poussés à l'excès, sur lesquels ils s'appuient, et l'invraisemblance de leurs sujets devaient promptement en dégoûter le public éclairé, qui n'y trouvait qu'à satisfaire une curiosité passagère. Or, ce n'est pas avec de tels élémens que se fonde le répertoire d'un premier théâtre de grande ville, d'un théâtre auquel il faut des habitués pour maintenir et exciter le goût public. On peut y admettre, comme variété, quelques pièces éphémères ; mais la partie fondamentale du répertoire doit être prise parmi les chefs-d'œuvre de notre littérature ancienne et moderne, parmi ces pièces qui, par l'esprit et le bon goût qui les caractérisent, ou les vues utiles qu'elles contiennent, ont acquis l'assentiment général ; parmi ces pièces, en un mot, qu'il y a toujours agrément et profit à revoir.

Si nous avons clairement exposé les conséquences de l'introduction des grands-opéras en cinq actes, et des drames sur les premières scènes de province, on doit saisir comme nous la principale cause de la ruine des entreprises théâtrales. Car les directeurs, entraînés dans des dépenses considérables pour la mise en œuvre des deux genres par lesquels ils espéraient captiver le public, ont fait des économies mal entendues sur les autres parties de l'administration théâtrale. Les artistes se sont lancés dans la mauvaise voie que nous avons signalée, si bien que la disette de bons chanteurs, pour le grand-opéra et pour l'opéra-comique, s'est fait sentir, ainsi que des artistes de la comédie et du vaudeville de genre, et qu'il y a même eu suppression de quelques spécialités. A la pénurie des artistes vient donc se joindre aujourd'hui tout naturellement la pénurie du répertoire, et le public, auquel on avait promis plus qu'on n'a pu tenir, le public, dont on ne peut que passagèrement exciter la curiosité, s'est éloigné du théâtre.

Voilà comment les théâtres de province, en voulant franchir les limites qui leur étaient forcément assignées, sont tombés dans l'état où nous les voyons aujourd'hui. Ils en sont revenus au point de départ après des tentatives et des excursions malheureuses loin d'une voie où ils avaient trouvé sinon une grande prospérité, du moins la vie heureuse de chaque jour, et ce qu'il y a de plus fâcheux encore, c'est que ce retour a lieu avec moins d'élémens de succès qu'on n'en comptait alors.

Vraies pour les grands théâtres de province, en général, ces observations ne le sont pas moins pour le Théâtre-des-Arts de Rouen; mais il est encore d'autres causes qui nous paraissent en avoir précipité la décadence.

En première ligne, nous placerons la suppression des deux troupes destinées à desservir nos théâtres, puis la gestion théâtrale en société.

Nous avons vu comment les directeurs avaient été conduits, pour faire face aux exigences du grand-opéra et du drame, à recourir à des économies sur les autres parties de l'entreprise. La première qui s'offrit tout naturellement à leur pensée fut de ne plus employer qu'une seule troupe ; mais ce prétendu remède, bien loin de guérir les maux passés, ne fit qu'en occasionner de nouveaux. Car, ainsi que nous l'avons vu, l'exploitation de nos deux théâtres par une seule troupe a fait disparaître entièrement la délimitation des genres attribués à chaque théâtre. Elle a produit la confusion des emplois, elle a nui à la bonne interprétation des pièces, et elle a entravé de toute manière le répertoire.

De telles conditions devaient amener non seulement une extrême difficulté dans la composition d'un spectacle pour chaque théâtre, mais souvent encore l'impossibilité de fournir pour un seul théâtre un spectacle capable d'attirer et de captiver le public. Aussi, les administrations théâtrales, à bout de ressources, pour remplacer la variété du répertoire, ont produit sur la scène de notre premier théâtre des exercices qui en étaient indignes, et des pièces où les artistes les plus distingués étaient obligés de subir les plus ridicules transformations. Funestes à l'art dramatique autant qu'au sentiment public, ces infractions n'étaient pas moins blessantes pour l'artiste, qui voyait avec douleur prostituer de la sorte un talent, fruit de longues veilles et de longues études. Pour y consentir, il ne fallait rien moins que la dure nécessité qui pèse sur notre théâtre.

Après cette longue suite de désastres, après cette progression constante dans les causes de ruine pour l'entreprise théâtrale, le moment devait arriver où nul homme d'expérience et de capacité en pareille matière, et possédant les capitaux nécessaires, ne voudrait courir les chances d'une direction comme celle de Rouen. C'est en effet ce qui a eu lieu. Les artistes, livrés à eux-mêmes, dépourvus de tout secours, se virent dans l'obligation d'exploiter l'entreprise théâtrale en société. Ils n'eurent d'autre alternative que de laisser fermer la salle, ou de choisir celui d'entre eux qu'ils devaient présenter à l'autorité comme propre à s'occuper des affaires administratives du théâtre. Cette détermination devait combler la mesure.

La direction des théâtres a toujours été considérée comme une entreprise pleine de difficultés, même lorsqu'ils étaient en prospérité. Aujourd'hui que les entraves et les obstacles de toute nature ont surgi de tous côtés, on peut proclamer une direction impossible, si elle a contre elle les conditions anciennement établies. Il en résulte que ce n'est plus un directeur réel qui se trouve à la tête de ces entreprises. Au lieu d'un homme armé d'un pouvoir presque despotique, nécessaire à cause de sa responsabilité personnelle, fortement engagée et indispensable pour donner une impulsion efficace et puissante à tous les rouages de l'entreprise, ce n'est plus qu'un égal, un camarade transformé en gérant nominal et à la merci de ses prétendus subordonnés. Tout le monde commande, personne n'obéit; il s'ensuit alors une déplorable confusion d'attributions dans le personnel administratif, d'ordres et de contre-ordres dans les affaires de chaque jour, de doutes et d'irrésolutions dans le choix des pièces; enfin une négligence, une incurie, un laisser-aller général dans tout ce qui touche aux détails. Plus que jamais les rivalités sont en présence, et les moyens de les vaincre font défaut. Ainsi se trouve paralysé tout expédient propre à combattre les causes contraires à l'entreprise, tout système tendant à la diriger dans une voie plus sûre.

Pour quiconque voudra étudier cette question, il sera évident qu'une entreprise théâtrale sérieuse est impossible en société, à moins de disposer, comme au Théâtre-Français, de ressources beaucoup plus considérables que ne le demanderait la gestion personnelle d'un directeur. Encore faudrait-il y joindre cette discipline et cette subordination si difficiles à réaliser entre égaux. Toute tentative en ce genre doit aboutir au mécontentement du public, à la misère des artistes, à la ruine de l'art. Or, faire peser sur celui des artistes qui n'a que le tort d'assumer sur sa tête tous les actes de la gestion théâtrale la responsabilité des fautes que nous voyons commettre chaque jour, ce serait se montrer injuste à son égard.

Que si l'entreprise de nos théâtres avait été confiée à des directeurs sérieux, avec des conditions propres à leur faire accepter la responsabilité attachée à une semblable gestion, croit-on que nous aurions eu à tracer un si triste tableau de l'état de notre théâtre ? Croit-on qu'ils auraient permis l'entrée de la scène à ces artistes sans études premières, à peine initiés aux élémens de l'art, en possession, pour tout répertoire, de quelques rôles indispensables à leurs débuts, et comptant sur un travail précipité pour suppléer, tant bien que mal, aux nécessités de leur emploi ? Auraient-ils souffert ces artistes sans spécialité aucune, qui s'engagent pour tout faire, comme dans une chétive troupe d'arrondissement ? Non, sans doute. Mais l'artiste-directeur, qui n'avait à offrir qu'une rémunération problématique en récompense de services tels quels, a dû laisser l'entrée libre à quiconque se croyait le talent de remplir un emploi au-dessus de ses forces.

Les directeurs sérieux auraient-ils jamais accepté l'orchestre tel qu'il est constitué présentement ? Ils auraient rejeté bien loin ces conditions anormales par lesquelles les artistes de l'orchestre, cherchant de leur côté à se soustraire au désastre général, se sont liés entre eux au point de s'imposer mutuellement, quelle que soit leur capacité, à l'administration théâtrale, par un acte de société dont les statuts et les règlemens sont presque en opposition directe avec les intérêts des artistes dramatiques.

Enchaîné par son intérêt personnel, un directeur réel se montrerait plus soucieux de tout ce qui serait capable d'attirer ou d'éloigner le public. Et grâce à l'autorité qu'il possèderait, ses décisions seraient respectées et exécutées. Nous n'aurions pas, comme aujourd'hui, ce défaut d'unité dans l'ensemble qui trahit l'absence de tout pouvoir régulateur.

Ainsi, pour la mise en scène, sauf quelques rares exceptions, les pièces ordinaires du répertoire sont négligées. Trop souvent, outre la pauvreté des costumes, on voit figurer l'un à côté de l'autre, dans certaines pièces, des personnages dont l'accoutrement est un anachronisme des plus saillans.

Pour les décors, rien n'égale le délabrement dans lequel presque tous sont tombés, et lorsqu'une pièce nouvelle, qui exigerait des décors neufs, est mise à la scène, on a recours à toutes les vieilleries du magasin, que l'on ajuste morceaux à morceaux pour faire face à ce qui est indispensable ; le reste est pris dans les décors des autres pièces, et s'accorde, tant bien que mal, avec l'ensemble de la pièce nouvelle. Aussi, le peintre décorateur, quoiqu'en apparence moins occupé que par le passé, est cependant confiné, du matin au soir, dans son atelier, pour trouver moyen de mettre en harmonie toutes ces vieilleries disparates, sans que la réputation vienne le dédommager de son zèle.

Le service des machines se fait à grand'peine, ou souvent ne se fait pas, entravé qu'il est par le grand nombre de décors qu'il faut laisser sur la scène au lieu de les faire reporter au magasin, décors nécessités par un répertoire qui tire son mérite d'une sorte d'apparat scénique. Ces entraves sont telles que les changemens à vue se trouvent supprimés de fait. Joignez à cela que cet encombrement de toiles de fond, de frises, de coulisses, nuit encore à l'effet général que peut produire l'ensemble d'une décoration, parce que souvent il est impossible d'éviter la vue d'une partie de décors appartenant à un autre tableau, décors que les frises ou les coulisses laissent apercevoir.

Ce n'est que pour mémoire que nous parlerons des meubles et des accessoires pour lesquels on ne tient compte ni du pays, ni des modes et des époques.

En signalant ces imperfections dans la mise en scène et les décors, nous n'avons pas voulu faire le procès à l'administration actuelle du théâtre ; car il est juste de dire que, si elle ne fait pas mieux, c'est que sa position lui commande de strictes économies. Nous devons même reconnaître qu'elle a su tirer le meilleur parti possible d'un matériel tout délabré, et que, par des combinaisons aussi patientes qu'ingénieuses, elle a réussi parfois à en dissimuler la pauvreté.

Toute espèce d'usages propres à conserver au théâtre son attrait, tout règlement institué pour maintenir la police de la scène et de la salle, paraissent avoir subi le même laisser-aller. Les coulisses, qui, pour le public, renfermaient autrefois tant de mystères, sont devenues trop facilement accessibles. Le spectateur y voit trop aisément et trop à découvert les secrets de la scène.

Les artistes ne paraissent plus comprendre combien la vue à distance leur donnait de puissance et d'attrait. Ils se prodiguent trop dans leurs relations privées, sans s'apercevoir qu'elles les enlèvent à des études obligées, et leur fait perdre pour eux-mêmes et pour les personnages qu'ils représentent ce prestige particulier, si nécessaire aux illusions de la scène. Certes, nous ne prêchons pas une séquestration absolue; mais nous constatons que les grands artistes ne s'exposent pas aux regards du public sans nécessité, persuadés que l'art est un sacerdoce, et que l'interprète ne doit pas sans raison quitter le sanctuaire.

La fréquence des relations privées des artistes entraîne encore un autre inconvénient. Elle fait perdre au parterre son indépendance et son initiative. Ce n'est plus un artiste qu'il vient juger au point de vue du talent, c'est un ami ou un ennemi qu'il vient appuyer ou repousser, applaudir sans raison, ou *chûter* sans motif, suivant le caprice des sympathies ou des antipathies qu'il a rapportées du commerce de la vie intime. La réception des pièces a lieu sous les mêmes influences, de sorte que les spectateurs des loges commencent, à l'exemple du public de Paris, à s'abstenir de toute marque d'approbation ou d'improbation.

Il nous semble aussi que c'est à tort que l'on a renoncé au sentiment de haute convenance qui assignait autrefois des places spéciales à certaines personnes, dont la présence et le voisinage peuvent blesser les susceptibilités commandées par les devoirs de père, de frère et d'époux.

Pour toutes ces imperfections, le théâtre, délaissé par toutes les classes éclairées de la société, s'est vu réduit à un petit nombre de spectateurs dont la fréquentation n'est pas faite pour le tirer de l'abîme. Il y a d'abord ces amateurs de théâtre qui ont résisté à tous les désenchantemens, et qui, à leur insu, et par la force de l'habitude, ont laissé leur goût s'émousser au point de ne plus s'apercevoir de la décadence de la scène. Indifférens sur la forme et sur le fond, ils ne sauraient avoir pour les détails cette scrupuleuse attention qui caractérisait le public rouennais ; mais on leur a tant fait craindre d'augmenter la détresse de l'administration théâtrale, on leur a tant répété qu'ils devaient se montrer indulgens, qu'ils se sont laissés aller à une indifférence fâcheuse, par ce désir de ne pas ajouter aux embarras existans.

Si parfois ils veulent sortir de leur indifférence et faire justice des médiocrités — acteurs ou pièces — qui se produisent sur la scène, ils se trouvent en face d'une autre fraction de spectateurs qui a pour elle, sinon le bon goût, au moins la force du nombre, et qui, par un aveugle antagonisme, admet et patronne ce que les autres voudraient repousser et proscrire. C'est ce public qui donne plus à l'entraînement qu'à la réflexion, et qui écoute plus les suggestions du dehors que le mérite intrinsèque des pièces et de leurs interprètes.

Enfin, nous devons signaler une autre catégorie de spectateurs qui exercent une influence non moins fâcheuse sur l'administration théâtrale de notre ville ; nous voulons dire la population passagère de notre théâtre. Son cachet distinctif est le goût pour la nouveauté, peu soucieuse qu'elle est des moyens par lesquels on cherche à la satisfaire ; mais une fois ce sentiment de curiosité passé, elle se tient à l'écart du théâtre et fait faux bond au directeur qui, souvent, n'a mis une pièce sur la scène que par l'espoir de la captiver longtemps. On y a donc perdu, d'avoir trop souvent sacrifié au mauvais goût, d'avoir éloigné le public éclairé sans s'être attaché celui pour lequel tant de frais ont été faits presque en pure perte.

Voilà comment insensiblement et par degrés s'est altéré le goût public, et se sont éclaircis les rangs des spectateurs judicieux, soutiens et sauvegardes du théâtre. La facilité, voisine de l'indifférence, peut être plus commode pour une administration, mais est-elle aussi utile et aussi fructueuse ? Nous ne le pensons pas.

C'est donc à tort qu'on a cru entrer dans une bonne voie le jour où l'on a pu diminuer l'influence des spectateurs éclairés ; le jour où, par des dispositions stratégiques, on a neutralisé leurs réclamations et leur protestations en faveur du bon goût. Il en est résulté que l'administration a travaillé à sa propre ruine ; car cette sorte d'habitués excitait l'attention du public, et, par l'éloge qu'ils faisaient des pièces, et des acteurs, ils piquaient la curiosité générale. Plus d'un directeur les a regrettés, sans doute, et en souhaiterait le retour, ainsi que les artistes, dussent-ils être obligés de se soumettre de nouveau à leurs lois, d'être astreints scrupuleusement à l'observation des traditions négligées, à l'étude consciencieuse des intentions de l'auteur, et à la reproduction rigoureuse des rôles tels que les avaient conçus les artistes créateurs ; car la présence de ces habitués fait la fortune d'un théâtre.

A notre sens, c'est à la réunion de toutes ces causes qu'il faut imputer la décadence de notre théâtre, et non pas à l'éloignement du goût public, surtout aujourd'hui que la diffusion des connaissances littéraires et des études musicales ont fait du théâtre un besoin impérieux. Nous en aurions la preuve dans le nombre même des spectateurs qui lui sont restés fidèles, en dépit des imperfections de tout genre que nous avons pu signaler.

Vienne donc une administration intelligente et habile, et la salle se verra souvent, et non pas à de rares intervalles, remplie de spectateurs de tout rang et de toutes classes. Car, à qui veut-on faire croire que les classes éclairées iraient avec perte de temps, et à grands frais, chercher au loin leurs plaisirs, si l'administration théâtrale leur en offrait qui répondissent à la délicatesse de leur goût ou à l'élévation de leurs sentimens.

Quelques mots encore avant de terminer, pour que notre pensée soit complète. Dans cette étude des causes diverses qui ont amené et maintenu la triste situation de notre théâtre, nous n'avons point eu l'idée de faire la critique ni de l'habileté de l'administration actuelle, ni du talent des artistes; mais nous avons tâché de remonter aux sources du mal, anciennes ou récentes, passagères ou permanentes, et nous avons essayé de les grouper afin d'éclairer sur l'étendue du mal et de découvrir le remède à y apporter. Ce n'est donc point ici une question de personnes, mais une question de faits et de principes. Nous ne devons que des éloges aux personnes, surtout quand nous considérons la triste position faite aux artistes par l'abandon presque complet dans lequel on les laisse. Nous leur tenons compte de ne pas avoir déserté le seul grand théâtre de province qui leur ait imposé des conditions aussi dures. Ils ont préféré le religieux respect de leurs engagemens à l'emploi lucratif de leur talent ailleurs. A défaut d'autres récompenses pour le moment, qu'ils trouvent au moins dans la reconnaissance publique le dédommagement de leur abnégation et de leur zèle !

La recherche des causes qui ont conduit par degrés le théâtre à sa ruine nous offre en première ligne les excès de tous genres dans lesquels la littérature française était tombée depuis une vingtaine d'années. Nous nous sommes abstenu de pousser plus loin nos investigations sur ce chapitre, dans la pensée qu'il ne nous appartenait pas de nous lancer dans une discussion littéraire à cet égard. Nous bornant aux faits matériels, nous avons laissé de côté les idées spéculatives qui n'ont ni le même poids ni la même certitude. Mais, pour ne pas sortir du domaine des faits, voyons succinctement la place qu'occupa le théâtre dans les divers gouvernemens, et le soin qu'ils ont apporté à en surveiller la direction. Peut-être la conduite du passé sera-t-elle la leçon du présent et de l'avenir.

Les témoignages abondent pour prouver que de tout temps l'influence du théâtre sur la civilisation et les mœurs des peuples a été des plus grandes. La conviction des anciens à cet égard était si bien établie, que les spectacles s'élevaient à la hauteur d'une question de gouvernement, et qu'un décret public investissait de glorieux priviléges ceux qui étaient chargés de la mission de pourvoir aux plaisirs de tout un peuple. C'est qu'en effet le théâtre, chez eux, venait compléter les enseignemens qui se donnaient à la tribune, et suppléait la presse qui n'existait pas. En raison même des conditions nouvelles où se trouve notre civilisation, le théâtre a dû perdre de son importance; mais la part qui lui en reste est encore assez grande pour qu'elle pèse de tout son poids dans la direction et sur les destinées d'un peuple. Pour s'en convaincre, rappelons-nous combien d'idées émises sur la scène ont trouvé leur réalisation dans les événemens publics les plus graves.

Cependant les gouvernans de nos jours n'ont paru attacher à la surveillance du théâtre qu'une importance très-secondaire. Au point de vue de l'art, ils s'en sont occupés pour ne pas laisser trop déchoir le genre qui a donné le plus de renom à notre littérature. Et c'est surtout à ce point de vue qu'ils ont exercé leur droit de regard. L'influence que nous appellerons gouvernementale paraît n'avoir été d'aucune considération à leurs yeux pour la généralité des théâtres. On ne saurait nier, toutefois, que ce frein, quelque faible qu'il ait été, n'ait produit d'heureux résultats dans les théâtres où la surveillance et le patronage de l'État se sont exercés.

L'exemple donné par l'État pour les principales scènes de la capitale fut suivi par les municipalités à l'égard des grands théâtres de province. On apportait une sollicitude particulière à tout ce qui touchait de près ou de loin au théâtre, et cette conduite satisfaisait tout à la fois au goût, à la morale et aux exigences des administrés. Mais peu à peu on s'est relâché de cette surveillance salutaire. Voilà comment le théâtre s'est si rapidement égaré, qu'il a fallu que l'opinion publique se substituât à l'autorité pour ne pas avoir à déplorer des excès plus graves encore. Puis un jour, le gouvernement, averti sur la grandeur du mal, se ravise et croit pouvoir l'arrêter par la censure, remède impuissant et bien moins efficace que n'eût été la continuation d'une surveillance active, qui nous aurait délivrés de pièces inspirées par le plus mauvais esprit, de directeurs sans talent et de médiocrités indignes d'un grand théâtre.

Au lieu de cela, on a laissé passer sans contrôle pièces, acteurs et directeurs de toute nature et de toute provenance. On a cru avoir assez fait pour le théâtre quand on s'est contenté de l'inscrire au budget pour un subside plus ou moins considérable La question financière a étouffé la question morale, et, dans les transactions à intervenir, ce qu'on a cherché surtout, c'était une adjudication au rabais.

Mais, en renonçant à tout contrôle moral, les municipalités ont trahi leurs devoirs vis-à-vis de leurs administrés, puisqu'elles n'ont pris aucun souci de leurs besoins moraux, et qu'elles n'ont pas surveillé l'emploi de leurs deniers. Cette subvention leur créait des droits qu'elles ont bénévolement abandonnés, et le théâtre ne leur a plus paru qu'un mendiant importun dont il fallait se débarrasser en lui jetant quelque aumône. Aussi, ces subsides n'ont-ils profité à personne, ni aux municipalités pour la direction morale, ni aux administrés pour leurs plaisirs bien entendus, ni aux directeurs pour les besoins de l'entreprise.

Cette critique de la conduite des municipalités ne nous est pas dictée par la fâcheuse maladie de notre époque, de blâmer tout d'abord ce qui s'appelle autorité. Elle nous est inspirée par l'évidence des faits, qui nous montrent l'insouciance la plus déplorable là où il aurait fallu l'activité la plus vigilante. Car, on semble trop l'avoir oublié, le théâtre a une immense influence sur les populations, et quelles raisons d'économie pourrait-on alléguer en présence d'un semblable intérêt? Ceux qui s'en font les champions n'ont pas, certes, mis en balance tout ce que pourrait rapporter de bien, pour les cités, un capital dont il serait fait un judicieux emploi.

Dans les municipalités se rencontrent aussi des hommes qui, tout préoccupés de la fatale influence que le théâtre a pu, parfois, exercer sur le public, songent peut-être à se débarrasser de l'objet de leur antipathie, et ils agissent en conséquence. Loin de penser aux moyens de relever ce service public qui a tant d'importance, ils voient avec une secrète satisfaction le dépérissement dont il est atteint. Exagérant les excès du théâtre, la grandeur des sacrifices à faire, et les soins à donner pour prévenir la ruine qu'ils souhaitent, ils se font une arme de toutes ces considérations pour arrêter et combattre les tentatives propres à le relever. Mais fussent-ils encore vingt fois mieux fondés dans leurs assertions, l'espoir qu'ils ont conçu de la destruction du théâtre devrait être placé au rang des chimères ; car, comme tout ce qui est passé dans le goût, dans les mœurs, nous dirons même dans les besoins du public, le théâtre ne saurait périr. Il en est de lui comme de la presse : notre société ne peut vivre ni sans lui, ni sans elle.

Puisque le théâtre ne saurait périr, il est du devoir d'une bonne administration de le soutenir, quand de plus, par une sage direction, il offre un moyen puissant d'exercer une heureuse influence sur les habitudes de la cité ; quand, en contribuant à maintenir ouvertes les portes du théâtre, elle peut arracher à la dissipation, à l'ivrognerie, à la débauche, une foule d'individus que l'absence de tout plaisir jette dans cette voie funeste ; quand, enfin, un grand nombre de personnes et d'industries trouvent la vie de chaque jour dans les emplois que le théâtre seul peut offrir et les dépenses qu'il peut occasionner.

Eclairées donc par l'expérience, pénétrées de l'importance du théâtre, il nous semble que les administrations minicipales doivent comprendre que non seulement leur concours est indispensable, mais que le devoir leur commande de reconquérir les droits que la seule concession du privilége théâtral leur assurait par le passé. Il faut que de nouveau elles le surveillent, elles en dirigent la gestion de manière à satisfaire aux intérêts matériels et moraux des citoyens dont elles sont les mandataires. Tout moyen en dehors de l'autorité administrative nous paraît impuissant pour arrêter le mal. Les mesures à prendre ne doivent pas se restreindre à une gestion d'une année, mais s'appuyer sur un système propre à donner au théâtre une impulsion nouvelle, et à lui assurer pour l'avenir des chances moins incertaines de prospérité.

En première ligne, nous plaçons une subvention quelconque. Que cette subvention soit prise sur les deniers publics, ou que l'impossibilité d'en grever le budget fasse recourir à des souscriptions volontaires ou à des combinaisons financières, inventées dans ce but spécial, toujours est-il que l'autorité administrative doit seule en avoir en main la disposition et en régler l'emploi.

En second lieu, cette subvention doit être proportionnée aux besoins réels du théâtre. Il faut qu'avec son aide, un directeur puisse faire face à tout et ne coure pas le risque, en dépit de son activité et de ses talens, d'engager sa fortune personnelle d'abord, de compromettre la position des artistes qui lui prêtent leur concours, et de restreindre ou de suspendre les plaisirs du public. Car il ne faut pas se faire illusion sur ce point : à force d'avoir attendu et d'avoir lésiné, le gouffre est devenu si béant, qu'une subvention restreinte ne serait qu'un palliatif impuissant aux dépens des contribuables, et sans profit ni pour eux, ni pour l'administration, ni pour le théâtre. D'ailleurs, le premier sacrifice une fois fait, soit en argent, soit par la location de la salle, soit par l'octroi du matériel, on arriverait bientôt à une position si favorable, que la cession seule du privilége serait une faveur suffisante pour les futurs directeurs de notre théâtre.

En retour d'une subvention raisonnable, les administrations municipales devraient exiger du directeur choisi par elles un cautionnement proportionné aux sacrifices qu'elles s'imposeraient.

Il faudrait, en outre, que le grand-opéra en cinq actes fût, quant à présent, supprimé ;

Que la délimitation des genres affectés à chaque théâtre fût rigoureusement observée ;

Que deux troupes distinctes desservissent les théâtres ;

Que la troupe du théâtre de premier ordre fût exclusivement composée de sujets ayant donné des preuves de capacité ;

Que, pour atteindre ce but, les artistes engagés pour ce théâtre fussent astreints, avant leurs débuts, à la publication des rôles composant leur répertoire ;

Que le matériel fût livré en bon état ;

Qu'une police sévère fût toujours exercée sur la scène et dans la salle ;

Que le prix des places ne pût être réduit ;

Qu'un administrateur spécial fût choisi, ou bien une commission de surveillance prise dans le sein du conseil municipal lui-même ;

Enfin, que le directeur donnât un plan systématique de la composition des troupes chargées de desservir les théâtres ; des moyens administratifs dont il se proposerait d'user, et, qu'une fois arrêté, ce plan fût strictement exécuté, ou ne pût être modifié qu'en vue d'améliorations approuvées par la commission de surveillance.

La simple énumération de ces conditions, après les développemens dans lesquels nous sommes entré, suffisant pour en faire reconnaître l'utilité, nous nous bornons à les formuler. Voilà, selon nous, les seuls moyens propres à relever le théâtre de sa ruine. Mais, nous le disons hautement, leur efficacité tout entière dépend du concours sérieux et permanent de l'autorité administrative, dont les intérêts se confondent ici, comme toujours, avec ceux des administrés.

Que si jamais nos vœux sont réalisés, une ère nouvelle s'ouvrira pour le théâtre. Instruit que des plaisirs plus dignes lui sont réservés, le public en reprendra le chemin ; les autorités seront les premières à lui en donner l'exemple, et les classes riches ne tarderont pas à marcher sur leurs pas. La presse, qui ne se verra plus dans la triste alternative de défendre l'art en plongeant des familles entières dans la misère, reprendra ses droits et jugera chacun selon ses œuvres. Le concours des uns et des autres contribuera à donner au théâtre cette élévation, cette dignité, cette splendeur, dont l'absence a produit une solitude si regrettable.

Que toutes les villes de France, comprenant l'importance du théâtre, fassent, du patronage et de la surveillance de cette institution, une obligation pour les municipalités, ce qui, par la force des choses, aura lieu tôt ou tard, une activité bien désirable sera imprimée à une multitude d'industries, et l'art dramatique en recevra une heureuse impulsion. Qu'une seule ville même donne l'exemple de ces réformes, et il est sûr qu'elle aura de nombreux imitateurs.

Ces considérations sur l'état général du théâtre ont pu paraître inopportunes en présence des intérêts du moment. Mais si l'on considère l'étendue du mal, les efforts, les soins, les sacrifices même qu'il exige, on comprendra qu'une pareille question ne peut être rejetée à la fin de l'année théâtrale. Elle exige longtemps à l'avance les plus sérieuses réflexions, l'examen le plus approfondi, et si l'on veut enfin procéder aux réformes nécessaires, si l'on veut placer le théâtre dans des conditions plus conformes aux intérêts qui s'y rattachent, ce n'est pas au dernier moment qu'il faut s'en occuper. C'est au contraire dès à présent qu'un système propre à remplir ce but devrait être tracé. Dès à présent il faudrait appeler à concourir à la solution de cette question tous les hommes capables d'y porter la lumière.

Malgré l'étendue des développemens donnés à notre travail, nous sommes loin d'avoir épuisé le sujet. Nous avons borné notre tâche à nous faire l'écho des observations qui se sont produites autour de nous, et si quelques-unes nous ont échappé, il sera facile au public de combler les lacunes. Grouper les faits, enchaîner les observations, rechercher les causes réelles du mal pour en faire sortir le remède, voilà quel a été notre plan et notre but. Si nous ne sommes pas assez heureux pour faire accepter nos plans de réforme à tout le monde, et faire partager notre croyance à l'efficacité des remèdes que nous proposons, nous espérons du moins qu'on y verra notre désir sincère de contribuer au retour de la prospérité du théâtre, prospérité qui nous est chère. Car nous sommes convaincu que le théâtre est une de ces institutions sociales à laquelle sont attachés les plus sérieux intérêts, soit qu'on la considère au point de vue moral et matériel des populations, soit qu'on l'envisage sous le rapport de la dignité et du progrès de l'art.

(Extrait du *Messager de Rouen*.)

www.ingramcontent.com/pod-product-compliance
Lightning Source LLC
Chambersburg PA
CBHW060527050426
42451CB00009B/1194